La oración conyugal

Un camino a la felicidad conyugal

Diácono James Keating, Ph.D.
Mireya Insua, Translator
THE INSTITUTE FOR PRIESTLY FORMATION
IPF PUBLICATIONS

DEDICATORIA

Para Marianne, Pink, y Mack

TESTIMONIOS

«Si las parejas leen este libro, se darán cuenta que el camino del amor es único. Ya que Dios es amor, si las parejas comprenden cómo deben comunicarse mutuamente un amor auténtico, entonces ya saben cómo estar en la intimidad con Dios. Mediante tres principios sencillos se les muestra a las parejas que el amor sacramental que sienten el uno por el otro es precisamente lo que los impulsa hacia la mayor felicidad posible: felicidad en Dios».

– Christopher West, autor de la obra: *Fill These Hearts: God, Sex and the Universal Longing*

«Si usted es un laico o un miembro del clero involucrado directamente con la preparación al matrimonio, considere que esta obra se ha cruzado providencialmente en su camino. ¡Dedíquele al libro el tiempo que merece, de modo que usted pueda recibir, orar y cambiar su comprensión de la vocación al matrimonio!».

– Valerie Conzett, DMin., L.P.C. [Consejera Profesional Licenciada]; Directora, Oficina de Vida Familiar, Arquidiócesis de Omaha, Nebraska

NIHIL OBSTAT: Padre Matthew J. Gutowski, STL

IMPRIMÁTUR: George J. Lucas
Arzobispo de Omaha, Neb.
18 de enero de 2013

THE INSTITUTE FOR PRIESTLY FORMATION
IPF PUBLICATIONS
2500 California Plaza
Omaha, NE
www.priestlyformation.org

Impreso en los Estados Unidos de América / Printed in the United States of
America
ISBN-13: 978-0-9887613-3-9

Diseño del libro por FAITH Catholic Publishing and Communications,
Lansing, Michigan.

THE INSTITUTE FOR PRIESTLY FORMATION

Declaración de propósitos

El *Institute for Priestly Formation* ha sido establecido con el propósito de asistir a los obispos en la formación de seminaristas y sacerdotes diocesanos en la Iglesia católica romana. El Instituto responde a la necesidad de fomentar la formación espiritual como el principio integrador y regulador de todos los aspectos de la formación sacerdotal. Inspirada en la espiritualidad bíblica-evangélica de Ignacio de Loyola, esta formación espiritual tiene como objetivo cultivar una comunión interior profunda con Cristo; a partir de tal comunión, el sacerdote comparte la caridad pastoral de Cristo. En el cumplimiento de su misión, el Instituto atiende directamente tanto a los seminaristas y sacerdotes diocesanos como a las personas responsables de la formación sacerdotal diocesana.

THE INSTITUTE FOR PRIESTLY FORMATION
Creighton University
2500 California Plaza
Omaha, NE 68178
www.priestlyformation.org
ipf@creighton.edu

Índice

Prologo

El Papa Francisco le da tanta importancia al estado del matrimonio y de la familia en la sociedad de hoy que ha pedido que sea el tema de los dos próximos sínodos internacionales.

El lector podrá encontrar en este pequeño ensayo muchas orientaciones prácticas para el crecimiento de la intimidad conyugal y a la vez muy integrado al amor de Cristo.

No existen muchos escritos que ayuden a la pareja a crecer en el amor en virtud de la gracia sacramental del matrimonio por la integración de la vida de oración de la pareja.

El Diacono Keating sabe del tema al compartir el sacramento del matrimonio y de la familia con un conocimiento existencial de lo que escribe. Su reflexión tiene peso por ser también muy buen teólogo.

Son tantos los horizontes que esta obrita hace ver, tantas sugerencias prácticas sobre la sanación de conflictos y obstáculos que toda pareja encuentra en su experiencia en parte debido al presente contexto tan desfavorable a la vivencia del llamado a la santidad del matrimonio.

El Catecismo de la Iglesia Católica presenta la profunda complementariedad de los sacramentos del orden sagrado y del matrimonio por ambos ser tan esenciales al bien común. El Instituto de Formación Sacerdotal de Omaha, Nebraska merece nuestro agradecimiento al querer dar este aporte a la pastoral matrimonial y familiar en un momento tan crítico y a la vez tan prometedor.

Mons. Felipe J. Estévez
Obispo de San Agustín, La Florida

Introducción[1]

En el transcurso de una sesión para la preparación al matrimonio, en una ocasión le pregunté a una pareja si ellos oraban juntos. Me miraron vagamente por un rato y después dijeron:—Nosotros vamos a misa. La forma más sublime de oración tiene lugar en la misa, porque durante la misma somos incorporados a la ofrenda que Cristo hace de Sí mismo al Padre por amor a su Esposa, la Iglesia. Sin duda alguna, ello implica rezar juntos. Sin embargo, mi pregunta tenía otro sentido; quería saber si ellos oraban juntos fuera de la misa como una devoción personal a Dios. Me contestaron que no. A continuación hablamos de sus primeros recuerdos de oración cuando eran niños. Ella se acordó que bendecían la mesa antes de las comidas y él, que su madre lo bendecía antes de dormir.

Este nivel de espiritualidad es bastante común en las familias católicas; la familia va a misa los domingos, pero luego no vuelven a hablar de Jesús o no le prestan atención hasta la próxima misa dominical. Cuando vivimos esta clase de vida espiritual, algo peligroso sucede: comenzamos a pensar que Dios no está accesible en nuestra vida cotidiana y, por ende, no desarrollamos una relación permanente con Él. Por lo tanto, es ineludible que la misa dominical comience a parecer aburrida o que nos sintamos distanciados de Dios durante la misma. Esta reacción es comprensible, porque si no mantenemos una relación «diaria» con Dios, entonces ir a misa viene a ser como visitar a un primo distante o incluso a un extraño… no tenemos nada en común. Otra razón por la cual podríamos experimentar esa sensación de estar alejados de Dios es no saber cómo compartir realmente nuestro corazón con Él, ya sea en la misa o en el transcurso de nuestra vida cotidiana.

Compartir el corazón es un compromiso necesario tanto en el matrimonio como en la oración. Si podemos aprender cuáles son los elementos claves para compartir el corazón y, así mismo, para recibir el corazón de otro, entonces podremos conocer la mayor intimidad posible tanto en la oración como en el matrimonio. Unir el amor del cónyuge con el amor de Dios y para Él es—y siempre ha sido—primordial para una vida fundamentada en la paz, la creatividad y la vitalidad, por no decir en la santidad. De hecho, no podemos siquiera empezar a comprender en qué consiste el matrimonio si no consideramos cómo Cristo amó a su Esposa, la Iglesia, hasta el final (**Jn 13,1**). Para el bautizado, Cristo ha unido Su amor por la Iglesia con el Sacramento del Matrimonio y al matrimonio, con Su amor por la Iglesia.

Cada pareja es llamada a permitir que Jesús los incorpore a Su gran amor. La pareja no está supuesta a realizar toda la «obra» de amor; más bien, a dejar que Jesús les regale Su propio amor conyugal. En otras palabras, las parejas deben permitir que Jesús viva otra vez Su amor conyugal por la Iglesia mediante el amor que siente el uno por el otro, y la pareja lo hace, sencillamente, pidiéndoselo a Él en la oración y compartiendo sus necesidades y deseos con Él. El matrimonio *no* es una relación de «autoayuda»; es una asociación profunda con Cristo. Él comparte Su vida con la pareja por la gracia del sacramento que les fuera concedido el día de su boda y que aún continúa brotando del corazón de Cristo para ellos. Especialmente, cuando la pareja recibe la sagrada Comunión debe orar: «Señor, vive en mí otra vez Tu amor conyugal por la Iglesia. Ayúdame a amar a mi cónyuge tal como Tú amas a la Iglesia. Ama a mi cónyuge *por mí y conmigo*, Señor. Sólo Tú, que eres el amor mismo, puedes fortalecer y sostener mi amor por mi cónyuge».

capítulo 1

Llegar a ser uno

«En última instancia, Dios desea que usted se enamore
de su cónyuge del mismo modo como Él lo ama a usted:
por pura donación y maravillado por la belleza de su ser».

Presentación de la Virgen en el templo por Domenico Ghirlandaio

La comunión con el cónyuge: ¿Cómo los cónyuges llegan a ser uno?

En última instancia, Dios desea que usted se enamore de su cónyuge del mismo modo como Él lo ama a usted: por pura donación y maravillado por la belleza de su ser. Como quiera que la relación varón-mujer está tan dañada hoy día (producto de la fornicación, la cohabitación, el divorcio y nuevas nupcias, la pornografía, etc.), el cinismo hacia el amor y enamorarse reina en la actualidad. Es así que mucha gente llega al matrimonio con una u otra herida emocional como consecuencia de relaciones anteriores. La gente que está afligida no está libre para entregarse a su amado. Su preparación al matrimonio *necesita de la sanación con miras a la libertad emocional y moral.* Si usted siente esa clase de dolor, entonces Cristo está pidiendo que se entregue a Él y deje que Él permanezca con y dentro de usted, de modo que pueda ofrecerle esa sanación. Es necesario soportar la curación de las heridas emocionales del pasado, de modo que el día de su boda se sienta libre para decir «sí» al amor y no esté agobiado por los recuerdos emocionales anteriores (padres posesivos, la soledad, el temor al abandono, la promiscuidad, la pornografía, etc.). Permita que Cristo obre donde se asienta ese dolor. No le dé la espalda a Él; más bien, en oración, lléveles el dolor a Él y a aquellos a quienes se les ha confiado su preparación al matrimonio, especialmente su pastor.

Para que usted pueda estar felizmente casado, Cristo tiene que sanarlo de modo que usted se sienta libre para entregarse en donación total a su cónyuge. De hecho, ser el cónyuge de alguien en el sentido cristiano significa entrar en comunión con otro de un modo consciente para ayudarle en el crecimiento en la santidad y la sanación moral.

Permanecer fiel hasta la muerte y abrir el corazón para dar y recibir amor crea el ámbito más seguro para la sanación espiritual y emocional. Esta sanación se produce porque los cónyuges están deseosos de decir una oración sencilla: «Estoy aquí y no voy a ningún lado» y, de inmediato, respaldarla con una promesa sincera: «permanecer» comprometido con la persona a quien aman. Ello es la señal más segura de que los cónyuges entienden las dos facetas: la atracción del amor («Te deseo a ti y sólo a ti») y la obra de amor («Sobrellevaré la sanación/la conversión que necesitas y también la mía»). «Sobrellevar» la sanación de su cónyuge significa padecer la conversión espiritual, moral y emocional del otro mediante su promesa bendita de amor. El fin espiritual del matrimonio católico consiste en ser mediación de la gracia de Dios para la conversión mutua de los cónyuges. La promesa es: «Estoy aquí y no voy a ningún lado». Con esta, y con la ayuda de Dios, un cónyuge percibe al otro a través de su conversión moral y emocional. Esta promesa libera a los cónyuges para que vivan en la verdad y puedan conversar mutuamente acerca de sus conflictos. El compromiso de los cónyuges de permanecer fieles hasta la muerte le brinda a cada uno el valor para escuchar la verdad acerca de sus debilidades y defectos actuales sin pensar que «seré abandonado» **(Jn 14,18)**.

La mayoría de la gente llega al matrimonio más o menos con alguna desventaja emocional, espiritual o moral. En virtud de ello, cada cónyuge podría ser capaz o no de preocuparse por lo que le aqueja al otro, a la vez que trata de superar las consecuencias de sus propias aflicciones. Para contrarrestar la presión que ambos sufren y, por lo tanto, la falta de disponibilidad mutua, es conveniente que la pareja consiga ayuda externa para sus necesidades de sanación y, muy especialmente, para buscar liberarse de esas dificultades durante el período de preparación al matrimonio.

Cuando alguien promete permanecer con su cónyuge hasta la muerte («Si alguien permanece en mí, y yo en él, produce mucho fruto» **(Jn 15,5)** y, de inmediato, promete confiarle su corazón y compartir sus oraciones con él o ella, ello produce la *seguridad* emocional y espiritual necesaria para entregarle su cuerpo a su cónyuge. Usted respetará el cuerpo de su cónyuge si hace lo siguiente: «vestir» ese cuerpo, no con tela, sino con una *intimidad* verdadera y perdurable[2]. La comunicación madura entre los cónyuges depende de la seguridad emocional, espiritual y física. «Te revelaré todo sólo si estoy seguro que lo aceptarás y no me abandonarás». Cuando un hombre y una mujer establecen ese lugar seguro llamado matrimonio, conocen la felicidad. Cualquier cosa menos que esta clase de seguridad conlleva la *probabilidad* de una tal felicidad, pero no su plenitud todavía.

La intimidad matrimonial, por lo tanto, consiste en compartir verdaderamente el corazón y el cuerpo dentro de la seguridad y la confianza de una relación orante y comprometida hasta la muerte. Esta intimidad es lo que mantiene unida una relación de pareja. Sin una intimidad así, las fuerzas externas pueden interferir con el compromiso y seducir a uno de los cónyuges a buscar esa seguridad emocional en otra parte, en lugares donde la donación personal y la revelación no van a estar aseguradas sino que, quizás, sólo serían recibidas temporalmente (aventuras tanto sexuales como emocionales, dependencia emocional, inmadura y persistente con respecto a la familia de origen, etc.). Dentro de esa «intimidad» temporal, uno de los cónyuges pudiera recibir un consuelo falso y confundirlo con una promesa de seguridad. Las parejas que no conceden la intimidad como el don recíproco fundamental se pueden causar una gran aflicción. El corazón de los humanos exige la intimidad y, cuando es real, es el lugar de descanso más profundo; cuando se recibe dentro de una comunión de oración, se convierte en el lugar del más hondo sentido de la vida.

Amar a alguien significa entregarse por el bien del ser amado.

Esta ofrenda, sin embargo, no consiste en realizar simplemente una serie de servicios sencillos para su cónyuge. El amor también supone el deseo de permanecer en la presencia del otro. Estar presente físicamente ante el cónyuge no implica, sin embargo, que haya alcanzado la unión con él o ella. La unión conlleva no sólo el servicio, no sólo la relación sexual, sino, quizás muy especialmente, el compromiso de poner el corazón, los pensamientos, sentimientos y deseos al descubierto. Estos movimientos del corazón no se revelan para el servicio de uno mismo. En otras palabras, no se muestran para liberarse a uno mismo de una carga emocional («Estoy enojado; te lo voy a contar para sentirme mejor»). No, esos movimientos del corazón se comparten porque usted sabe que *su cónyuge va a recibirlos como un camino seguro en pos de la unión* («Estoy enojado; te lo voy a contar para proteger nuestra comunión. No quiero que este enfado nos separe de ninguna manera»). Cuando una pareja no comparte de este modo tan profundo, simplemente coexiste en una casa, escoge eficientemente la ruta más sensata para realizar los deberes cotidianos, pero, en realidad, está ausente el uno del otro, nunca presente verdaderamente ante el otro. Para vivir en la presencia real de su cónyuge, usted debe comprometerse a poner al descubierto su corazón y a recibir el de su cónyuge, alcanzando así la intimidad.

La mejor manera de lograr la intimidad es comprometerse voluntariamente a unas cuantas acciones fundamentales. Primero, contemple a su cónyuge frecuentemente. Segundo, diariamente, dentro de un ambiente sosegado, escuche con atención a su cónyuge. Tercero, perdone a su cónyuge e incorpore al amor que siente por él o ella cualquier dolor que le haya causado. Finalmente, ámense mutuamente dentro de un ambiente de oración, permitiendo que ésta sea el oxígeno de su matrimonio.

Contemplar a su cónyuge

Contemplar a su cónyuge no significa que le mire a la cara fijamente. Contemplar implica permitir que el corazón de su cónyuge—la identidad de él o ella—sea recibido en el nivel más profundo de su ser. Contemplar a su cónyuge quiere decir que usted ha permitido que la presencia de él o ella le afecte, le mueva y le anime a amar. La contemplación, desde luego, está relacionada con la vista; uno mira a su cónyuge y, al hacerlo, «ve» la belleza ahí presente; sin embargo, contemplar supone algo más que mirar. Contemplar alcanza su objetivo apropiado cuando su cónyuge, cuya hermosura usted ve con sus ojos, se convierte en la belleza que usted lleva en el corazón. La manera como su cónyuge entra en el corazón suyo y permanece allí es mediante una apertura que le sensibiliza hacia él o ella y le impulsa a prestarle atención. Esa apertura constituye una «herida» que sólo su cónyuge puede ocasionar; es un anhelo de recibir amor y darlo al mismo tiempo. Esa herida está muy cercana a la esencia de lo que constituye un ser humano creado a imagen de Dios.

La herida no implica dolor en sentido negativo, sino, más bien, una pena o una ansiedad en sentido positivo. Una herida positiva, en el contexto del matrimonio, es aquella que se «entrega» cuando el cónyuge contempla la belleza de su ser amado. Cuando digo «herida», quiero expresar que su cónyuge le ha afectado a usted profundamente, le ha cambiado y mejorado en virtud de quién él o ella es; su cónyuge ha causado en usted la más profunda *impresión*.

Entregar el propio yo y recibir al cónyuge constituye el ritmo que sana la atención desordenada o el odio hacia uno mismo, los cuales están siempre al acecho para abalanzarse ante el menor sufrimiento o temor. Ese desorden está siempre diciendo: «¿Qué hay de mí?» o: «¿Quién piensa en mí?» o bien: «No valgo nada;

...erezco ser amado».

Cuanto más decidido esté a hallarse en la presencia de su cónyuge, sin embargo, tanto más profundamente él o ella entrará en su corazón de manera que sus temores disminuyan. Estar en la presencia de su cónyuge no significa que usted abandone todas las responsabilidades que los aparten físicamente; ello sería una clase de vida imposible de llevar. Vivir presente, de hecho, exige el compromiso de estar juntos físicamente; pero lo más importante es que es que cuando *estén* juntos en el mismo ámbito, usted acepte la presencia de su cónyuge como don que ha elegido. Ello consiste en tomar decisiones que le resten importancia a su propio yo y que, por el contrario, le garanticen el consuelo a su cónyuge. Para consolar a su cónyuge, usted opta por ver la hermosura de ella o él y permitir que esta belleza tome el lugar de su propio yo. No es fácil desplazar el ego; ello es la razón por la cual el matrimonio conlleva sufrimiento. Lo que sí resulta fácil es permanecer en nuestra propia presencia. Lo que altera nuestra vida y produce la sanación es el sufrimiento que acarrea sentir a otro entrar en el espacio que el ego ocupaba anteriormente. Si usted experimenta esta clase de sufrimiento, con el tiempo disfrutará el matrimonio y la presencia de su cónyuge. Si usted continúa resistiéndose a la muerte de su ego, o a la sanación del odio que siente por sí mismo, entonces la situación es evidente: su cónyuge, la presencia y las necesidades de él o ella, se percibirán como una amenaza; una persona que lo único que quiere es «quitarle»...tiempo, deseos, preferencias vacacionales, actividades del fin de semana, etc. O, en el caso de la persona que sufre de desprecio de sí misma, padece de la incapacidad de recibir el amor de su cónyuge. «El odio que siento por mí misma me aleja de la sanación que se produce cuando una es amada». En Cristo, podemos soportar la muerte del ego y aprender a recibir el amor de otra persona. Experimentar este sufrimiento junto a Cristo puede acabar con

)led... que nosotros hemos provocado» en y mediante el
...er del amor de Cristo. Él nunca le abandona; Él permanece
...mpre para colmar su felicidad.

...e modo que, ¿podemos mirar a nuestro cónyuge nuevamente
...percibir lo que, quizás, hemos olvidado o no hemos recibido
...unca totalmente? Nuestro cónyuge es una creación hermosa
...Dios y un don para nosotros. Desde luego, es difícil ver esa
...ermosura todo el tiempo y en todas las circunstancias; pero, ya
que el matrimonio nos es otorgado en cada momento por el Esposo
Mismo como una gracia (razón por la cual es un sacramento),
siempre existe la esperanza de que la intimidad pueda definir
nuestra relación. La anulación de esa esperanza—por parte
nuestra, nunca de Dios—es cosa segura si nos negamos a acudir
a Cristo y el uno al otro en busca de la fortaleza necesaria para
soportar la muerte de nuestro ego o si rehusamos recibir amor y, al
hacerlo, permitir que el desprecio hacia uno mismo permanezca.

Escuchar con atención a su cónyuge

Un segundo elemento fundamental para alcanzar la intimidad
conyugal es que ambos lleguen a ser oyentes auténticos. En
realidad no se escucha primero con los oídos, sino con la mente
y el corazón inmersos en el amor que le fuera entregado cuando
fue bautizado. Usted contempla a su cónyuge en Cristo y escucha
a Cristo decir: «Este cónyuge tuyo es realmente mío; él será
mío siempre, pero como mi amor se desborda de generosidad,
comparto contigo mi júbilo». La felicidad del matrimonio reside
en compartir el amor mutuamente tal como Cristo ama a su
cónyuge a través de usted, y a usted, por medio de su cónyuge.
Así pues, se alcanza la felicidad en esta dinámica de amor mutuo
que siempre produce una paz profunda, una paz que es un don
de Dios. Cristo añade: «Cuida mucho a tu esposo porque él está
supuesto a vivir conmigo en el cielo. La relación de él conmigo

depende de él, pero yo te lo he dado para ayudarlo a que alcance la santidad. Utiliza cada gracia que el matrimonio te ha concedido para asistirme en darle la bienvenida en la eternidad». Ahora bien, esa voz de Cristo usted sólo puede escucharla con *los oídos de la fe*. Si usted no escucha esas palabras de estímulo de Cristo para ayudar a su cónyuge a llegar al cielo, cualquier otra cosa que oiga por medio de sus oídos *podría estar desafinada*. La santificación mutua de los cónyuges, así como la crianza de los hijos, es el propósito del matrimonio sacramental. Cuando pasamos de *contemplar* a nuestro cónyuge a *escuchar con atención a nuestro cónyuge*, no queremos olvidar que estamos prestando atención al nivel más profundo posible: ¿Está mi esposa, con sus acciones, disposiciones y compromisos, viviendo en Cristo?

El nivel de escucha más frecuente es bien conocido por cualquier cónyuge; consiste, sencillamente, en el compromiso de prestarle atención a las palabras de su cónyuge y a la disposición del corazón de él o ella, de donde provienen estas palabras. La razón por la cual ese nivel de escucha es tan bien conocido es porque, con frecuencia, ¡padecemos la frustración de no poder alcanzarlo! La dificultad universal respecto al matrimonio consiste en permanecer concentrados en prestarle atención a nuestro cónyuge. Existen muchas razones para que fracasemos en este empeño, pero la mayoría se reduce al egoísmo, la falta de consideración y la indolencia. Después de un tiempo, cada miembro de la pareja da por descontada la presencia del otro; es por ello que escuchar atentamente tiene que convertirse en una virtud y no simplemente en un acto que se ejercita ocasionalmente. Como en la práctica de cualquier otra virtud, al principio se trata más de tener la voluntad de hacerlo que de gustarnos. Sin embargo, los casados cuentan con la ventaja de que realmente se gustan uno al otro y desean la compañía mutua. Ello facilitaría escuchar con atención al otro, ¿no es así? Bueno, sí y no. El compromiso del matrimonio para toda la vida podría, de hecho, socavar la decisión de prestarle atención a su cónyuge: «Él va a aparecer por ahí más tarde; le prestaré atención entonces». El convencimiento que tenemos de que nuestro cónyuge estará con nosotros «hasta que la muerte nos separe» podría, inconscientemente, jugar un papel en dar al cónyuge por descontado. Debemos abstenernos de adoptar esta actitud.

Para rechazar la tentación de dar al cónyuge por descontado, recuerde el primer principio en el cual «escuchar con atención» se fundamenta: contemplar a su cónyuge. Deseamos contemplar a nuestro cónyuge, recibirle como el don que él o ella es y, entonces, en señal de gratitud, comenzar a concentrarnos en las palabras de nuestro cónyuge mientras habla. ¡Ello no se trata de algún acto formal como si tuviéramos que parar, mirar y escuchar sistemáticamente! Recuerde que, con el tiempo, su cónyuge entra en su corazón y se aloja allí. Después de muchos años promoviendo su bienestar, usted llega a incorporarla a su ser. Estas acciones de contemplar y escuchar con atención a su cónyuge se convierten en instintivas, pero debemos recordar que la decisión de apreciar a la persona con quien vivimos durante muchas décadas puede tener sus altas y bajas. Dicho esto, surgirá la ocasión cuando usted deberá ser sensato y dejar de divagar y distraerse mentalmente y escuchar lo que dice su corazón: «¡Espérate un momento! Se trata de Elena. Yo la amo; yo la escogí; voy a prestarle atención».

Dominar el arte y el don de escuchar con atención a su cónyuge es verdaderamente una virtud fundamental, la cual, a lo largo de muchas décadas de matrimonio, asegurará el vínculo con él o ella y le brindará alegría a su corazón a medida que experimente una unión afectiva auténtica. Por consiguiente, nuestra escucha está fundamentada en nuestra capacidad para contemplar; y entonces, en la integración de esas dos disposiciones, nos hacemos más aptos para el tercer principio sobre el cual se fundamenta la intimidad: el perdón.

Perdonar a su cónyuge

Si no dominamos las virtudes de contemplar con gratitud a nuestro cónyuge y de inmediato escuchar con atención su corazón y su voz, entonces, en su momento, caeremos en alguna forma de aislamiento el uno del otro. En consecuencia, el perdón deberá ser ofrecido con el fin de restaurar la unión. Perdonar a su cónyuge por no prestarle atención a usted significa reconocer que un tal comportamiento constituye una amenaza para la intimidad. La intimidad implica que vivamos en un ambiente marcado por el intercambio maduro y sincero de los movimientos afectivos del corazón. La intimidad es una forma de comunión que sucede como consecuencia de que un cónyuge se ofrezca a sí mismo como don a su amado mediante un intercambio recíproco. Cuando la intimidad queda socavada, la comunión perdida por abandono de uno de los cónyuges debe ser recuperada. Este proceso de recuperación de la intimidad por medio del perdón puede ser doloroso ya que ello implica recibir en su corazón a la misma persona que le ha herido. Se trata de una especie de «ame a su enemigo» que Cristo nos exhorta a acoger **(Mt 5,44)**. Cuando se produjo el abandono por parte de su cónyuge, ella fue, de alguna manera, su «enemiga»; ella antepuso sus intereses personales a los del vínculo matrimonial. Ella escogió «yo» en lugar de «nosotros»; al hacerlo, le causó dolor injustamente[3]. Pero, este pesar no debería definir su matrimonio. La autenticidad de los votos es *lo que define su matrimonio*, la esperanza del «sí» que simboliza el compromiso para toda la vida y, en última instancia, siempre es la fidelidad de Cristo «el Fiel», el cual vive en usted, quien define su matrimonio.

Cuando el perdón es necesario, es fundamental invocar a Cristo y permitirle que le done la gracia de incorporar el daño que su cónyuge le ha causado al amor que usted siente por él o ella. Esos lugares dolorosos, en consecuencia, se transforman realmente en lugares de reunión entre Cristo y usted, porque sólo Su poder puede perdonar a su cónyuge. Tanto si la ofensa infligida por su cónyuge es grave (infidelidad) o leve (olvidó una fecha o un evento importante para usted), Cristo desea ser el agente para la reconciliación entre ustedes. Cristo quiere que lo invoque y permita que Su Espíritu obre en el lugar del dolor para fundir más firmemente el vínculo entre su cónyuge y usted. Si no le entregamos nuestra tristeza a Cristo, corremos el riesgo de que el sufrimiento infligido por nuestro cónyuge defina el matrimonio. Cuando ello ocurre, usted comienza a meditar y decidir basado en su dolor; y, por lo tanto, la aflicción se transforma en su identidad nueva. El dolor puede reemplazar su vocación auténtica como cónyuge y convertirse en una «vocación» por la fuerza de la costumbre. Cuando usted invita a Cristo al sufrimiento que la sanación exige, esas heridas no le definen ya; en cambio, *las obras de Cristo para sanar el sufrimiento y conducirle al perdón por el bien del matrimonio lo definen a usted.* Cuando su vida queda determinada por la fuerza de curación de Cristo, ello produce una paz profunda, la cual nace de su invitación a Cristo a participar activamente en su sanación. Invitar a Cristo a ser tan activo significa simplemente vivir según lo que ustedes decidieron ser cuando se entregaron mutuamente por medio de sus votos—desposados en el Señor.

Cuando usted le pida a Cristo que sane una herida infligida por su cónyuge, le animo a que tenga en consideración las siguientes acciones:

1. *Ponga al descubierto la herida ante su cónyuge.* Permita que su cónyuge reconozca su culpa y su pesar, y reciba usted este dolor en su corazón como una señal del amor que él o ella siente por usted. Asegúrele su perdón. Si necesita tiempo para ofrecer el perdón, no hay problema; simplemente manifiéstele que usted

está dispuesto a perdonar pero que el dolor es muy reciente y usted lo está sintiendo todavía. ¿Qué pasa si su cónyuge se niega a admitir su culpabilidad? Si su cónyuge se rehúsa a reconocer que le ha causado daño intencionalmente, entonces quizás usted decida hacer lo siguiente: invite a su cónyuge a considerar el dolor que usted está sintiendo. Ore y ayune privadamente para que su cónyuge se convierta; ofrezca su participación en la Eucaristía en nombre de él o ella y aborde a su cónyuge nuevamente, preguntándole si le gustaría recibir su perdón. Si el daño continúa sin que haya señales de arrepentimiento por parte de su cónyuge, consulte a un sacerdote y a un terapista para conseguir ayuda adicional.

También debe considerar otra realidad. ¿Cómo *está Dios obrando* en usted y en su cónyuge cuando éste no admite su culpabilidad? Primeramente, Cristo le está pidiendo que confíe en Él más profundamente. En medio del dolor que su cónyuge le ha causado y la aflicción adicional debido a la negativa de él o ella a aceptar la responsabilidad por el daño ocasionado, Cristo le está invitando activamente a que descanse en Él, a que encuentre la sanación en Él. Cristo anhela que su oración ahora sea más profunda y que usted pase más tiempo con Él en su dolor, pena y enfado. Él desea estar unido a usted en esta situación tan delicada para amarle dentro de la misma. Él también conoció tal aflicción en el rechazo proveniente de aquellos que lo mataron y por su falta de arrepentimiento, a pesar del gran daño que cometieron contra Él mediante la burla, los azotes, las humillaciones y, finalmente, Su muerte inconcebible. En cualquier momento, Sus perseguidores hubieran podido recuperar el sentido común, detenerse y arrepentirse, y Él los hubiera perdonado. Ellos, sin embargo, siguieron su camino **(Hechos 1,25)**. Ahora mismo, su cónyuge está prosiguiendo su *propio* camino...pero usted *no* está solo, porque Cristo es uno con *usted*.

Segundo, ¿cómo está Dios obrando en usted y en su cónyuge impenitente? El Espíritu de Dios ama a su cónyuge, y existe la esperanza de que su cónyuge responda a medida que escuche a su conciencia: el lugar donde se toman todas las decisiones que honran la verdad y el amor. Mientras los actos de amor se unen al poder del amor de Dios, sus oraciones, el ayuno y la adoración eucarística obran para que se acorte la hora del arrepentimiento de su cónyuge. Si su cónyuge se niega a arrepentirse incluso después de que sus oraciones, ayuno y adoración se hayan consumado, estos habrán afectado profundamente *la intimidad suya con Dios. No* será por culpa suya si nunca recibe ninguna señal de remordimiento. La falta de pesar de su cónyuge *no* es el resultado de que usted no haya orado *arduamente*, o ayunado *largamente*. No, usted ama a su cónyuge lo mejor que puede, y su amor y el amor de Cristo se están combinando para llevar la luz a su cónyuge. El corazón de su cónyuge —no el suyo— es el responsable si su cónyuge permanece alejado de la necesidad de arrepentirse.

2. *Lleve las consecuencias emocionales causadas por la herida y la herida misma a Cristo en oración.* Muéstrele la herida a Cristo. Ofrézcasela; enséñele su dolor de manera que Él pueda penetrar ese dolor y amarle a usted desde *dentro del mismo:* «Contempla, Señor, mi dolor (especifique el dolor)». No es necesario hablar mucho con Cristo acerca de su dolor; simplemente, siga manteniendo la herida abierta ante Él de modo que pueda derramar Su misericordia y amor en ella.

3. *Es preferible hacer esa «demostración» mientras sujeta un crucifijo, adora el Santísimo Sacramento o durante la lectura de un versículo apropiado de las Sagradas Escrituras.* No minimice la herida o justifique el comportamiento de su cónyuge; lo que usted ofrezca a Cristo debe ser la herida *real* y el dolor verdadero, si Él va a sanarle. Dios vive en la realidad, y nosotros debemos hacerlo también, si es que vamos a estar en comunión con Dios.

4. *Continúe llevándole esa herida al Señor por el tiempo que sea necesario para incorporarla al amor que siente por su cónyuge.* Siempre llevaremos las cicatrices de las heridas causadas por nuestro cónyuge, pero esas heridas no rigen la relación con él o ella; más bien, permitimos que el perdón que Dios nos dona guíe nuestro matrimonio. La sanación se logra, especialmente, mediante el Sacramento de la Reconciliación y cuando, con actitud contemplativa, recibimos la Comunión durante la misa. Recibir la Comunión asumiendo una actitud contemplativa significa que establecemos una conversación profunda con Cristo, quien está ahora en nosotros, acerca de las heridas que portamos. El fin primordial de la Eucaristía es producir la sanación[4]. También se sugiere la ayuda de un buen director espiritual, especialmente si la herida es honda, lo cual es un indicativo de que el cónyuge afectado necesita una vida de oración profunda para que pueda perdonar.[5]

ORAR CON Y POR SU CÓNYUGE

Contemplar, escuchar con atención y perdonar a su cónyuge son requisitos previos fundamentales para orar con su cónyuge, ya que la oración constituye *la experiencia más íntima* que una pareja puede compartir y, por lo tanto, *exige el nivel más profundo de confianza*. La oración es tal experiencia porque, por su propia naturaleza, lleva a la pareja a la fuente misma de su amor: la efusión de vida y belleza de la Trinidad. Todo amor proviene de Dios y reside en Él. Hacerse vulnerable al amor de Dios, dejarse amar por El y recibir Su amor como el mismísimo soplo de vida del matrimonio, exige una confianza que pudiera implicar, al principio, un gran riesgo. Si por un momento meditamos acerca de nuestra vida de fe, ese temor se desvanece. Todos aquellos que cuando eran niños recibieron de sus padres el presente de la fe, han estado orando y abriendo su corazón a Dios en cierta medida desde que pueden recordar. De este modo, usted cuenta con una tradición de oración. Cuando usted se casa, simplemente desea invitar a su cónyuge al caudal de esa historia. Por supuesto, su vida de oración necesita madurar, y usted ya no es un niño. Comience a compartir su vida de oración, sin embargo, a partir de aquello que le es familiar, aquello que sus padres le hayan brindado: pasajes de la Biblia, el santo Rosario, la misa dominical, la adoración del Santísimo Sacramento, meditar o percibir a Dios en la vida cotidiana y la naturaleza, etc. Recuerde también que ustedes han estado aprendiendo a tenerle confianza al otro desde que comenzaron a salir juntos, y ahora, durante el compromiso o el matrimonio. Por años, es probable que usted haya estado contemplando la belleza de su ser amado, escuchándole con atención y perdonando las debilidades que pudiera poseer o cualquier aflicción que le hubiera provocado. En este caso, puede observar que el matrimonio simplemente profundiza la historia de intimidad que ustedes están viviendo ya, independiente del nivel de esa intimidad o de cuán indecisa fuera al principio.

Así que usted no está empezando de cero; usted cuenta con una historia con Dios y con su ser amado. Ahora, invítense mutuamente a esa historia más a menudo, más profundamente.

Pasemos a la oración. ¿En qué consiste la oración? La oración es pura receptividad, tal como ha enseñado el Santo Padre Benedicto XVI. La oración representa nuestra apertura a ser amados por Dios en nuestra situación presente. «En nuestra situación presente» debe ser aceptado fundamentalmente, porque algunas personas piensan que pueden acudir a Dios para recibir Su amor sólo si se sienten bien o puros o se encuentran en un estado de ánimo propicio. Dios desea que vayamos a Él y recibamos Su amor sin importar cuál es nuestra disposición subjetiva ante Él. De hecho, nuestro crecimiento espiritual exige que vayamos a Él especialmente cuando nos sintamos mal; en esa situación es cuando estamos más susceptibles a la tentación, más ávidos de buscar el consuelo artificial que proviene del pecado. «Señor, ¿a quién iremos? Tú tienes palabras de vida eterna» **(Jn 6,68)**. Ello lo dijo el Apóstol, y su pregunta es la nuestra y la respuesta está clara: acudamos a Dios cuando surjan las tentaciones o las dificultades.

Cuando usted ora, en las buenas o en las malas, usted permite que el amor de Dios vea y conozca su corazón. El aspecto esencial de la oración es *recibir el amor de Él*. La oración matrimonial implica recibir la vida de Dios, la cual estamos llamados a comunicar a nuestro cónyuge. La oración es una *gracia* (que significa el don de Dios de compartir Su vida y Su amor con nosotros) y, por lo tanto, somos llamados a pedirle al Espíritu Santo que nos asista con la oración. El Espíritu nos ayudará con gran júbilo y entusiasmo porque Él constituye el amor entre Dios Padre y Dios Hijo, un amor tan verdadero, hermoso y eterno que es una de las Personas de la Santísima Trinidad. Desear orar significa aprovechar el júbilo de Dios, cuya esencia es amar. Ese amor es tan poderoso que se encarnó y transformó en un ser humano. Dios nos ha donado a Jesús de modo que el amor de la Santísima Trinidad pudiera llegar a nosotros en los aspectos más profundos de nuestros sufrimientos y alegrías. Ya que Cristo se encarnó, nadie puede decir: «Dios no comprende mi dolor o comparte mi alegría». *Todo lo que es humano está unido a Dios en Cristo.*

La oración es lo que permite que el Espíritu de Cristo llegue a sus sufrimientos y júbilos más profundos. La oración es poderosa ya que autoriza a Dios a transformar su corazón, mente y voluntad. En la oración, Dios anhela «impregnarlo», y si usted le permite impregnar todo su ser, podrá apreciar cómo la oración pasa de ser simplemente un conjunto de palabras en sus labios a Su Palabra hablando dentro de su corazón [6]. El propósito es que se transforme en una persona orante, que se hagan una pareja orante, que Dios habite en su ser, Él y usted respirando al mismo tiempo. Dios desea actuar en usted para conseguir ese propósito.

capítulo 2

Orar con mayor profundidad

«Orar puede ser intimidante por las mismas razones
que lo puede ser enamorarse: hacerlo nos lleva al
significado esencial de la vida de los seres humanos»

La Anunciación por Fra Angélic

La comunión con Dios: ¿Cómo podemos orar con mayor profundidad?

Orar puede ser intimidante por las mismas razones que lo puede ser enamorarse: hacerlo nos lleva al significado esencial de la vida de los seres humanos. ¿Por qué sería intimidante acercarse tanto al significado real de la vida? Tanto la oración como el enamorarse nos conducen de un conjunto de lazos a otros que aseguran nuestra dignidad, no aquellos que la socavan. La resistencia a enamorarse y a orar no es otra cosa que la oposición a abandonar aquellos lazos que producen un consuelo ilusorio. En el caso del matrimonio, esa clase de consuelo sería la «vida de soltero», donde están abiertas todas las opciones. En el caso de la oración, el consuelo ilusorio sería la decisión de permanecer atado a la cultura de la distracción, el esparcimiento y la evasión. Tanto la oración como el amor nos llevan a la realidad…nuestra naturaleza pecaminosa se opone a la realidad y prefiere un mundo que es obra nuestra.

De modo que, cuando emprenda nuevamente el compromiso a orar, cuente con que experimentará una lucha interna, la cual no definirá la historia completa de su vida de oración, pero que estará presente porque la tentación de vivir en un mundo imaginario y no en el mundo real regresará implacablemente con el paso del tiempo. La tentación de abandonar el mundo real y regresar a la cultura de una madurez atrasada, agobiará, en ocasiones, nuestro deseo de orar. Cuando ello ocurre, no se sienta enfadado o decepcionado con usted mismo. El fracaso en la oración es *de esperarse* y debe ser *bienvenido*: esperado, porque nos cansamos de hacer lo correcto, y bienvenido, porque el fracaso hace evidente nuestra pobreza ante las buenas intenciones. Si experimentamos nuestro fracaso como un encuentro con nuestra pobreza y debilidad, se abrirá una puerta para ofrecernos la conversión verdadera. Cuando digo pobreza, quiero significar nuestra experiencia de tratar de alcanzar el «éxito» en nuestra vida espiritual para después darnos cuenta que la vida espiritual no es algo que nosotros creamos, alcanzamos o ganamos. Lo espiritual nos es concedido cuando acudimos ante Dios con una disposición real y verdadera: «sin [Dios] no pueden hacer nada» (**Jn 15,5**). Esta conversión, cambiar el rumbo para *depender totalmente de Dios y entregarse a Su poder,* constituye realmente el comienzo de la oración verdadera. Hasta que no reconozcamos que no podemos orar, que necesitamos la ayuda divina, nuestra oración sólo perdurará mientras persista la voluntad. Por el contrario, debemos admitir nuestra incapacidad para orar y recibir la oración como don, el cual pedimos siempre (**1 Tes 5,17**).

Otro punto fundamental antes de que comencemos una vida de oración conyugal es recordar que Dios ama a su cónyuge por la identidad única de él o ella. El matrimonio nos hace uno, pero lo podemos lograr sólo porque somos personas singulares. «Precisamente por el hecho de ser varón y mujer, cada uno de ellos es "dado" al otro como sujeto único e irrepetible, como "yo", como persona»[7]. Debemos conservar nuestra propia identidad y respetar la del otro. Dios ama a su cónyuge como «otro», no como Él mismo y, por lo tanto, usted debe amar a su cónyuge como «otro» también, no como usted mismo. Por supuesto, alcanzamos la unión y la recibimos como don conforme avanza nuestra intimidad en el tiempo, pero el amor verdadero no produce nunca una fusión de identidades o la pérdida de la personalidad. De hecho, mientras recibo más amor de Dios y de mi cónyuge y los amo a cambio, más se transforma mi verdadero ser. No pierdo nada de mí al dar; el propio ser se descubre cuando nos damos a otro (**Jn 12,24**).

Dios acudirá a su cónyuge y a usted conforme a la personalidad singular de cada uno. Al principio, ello puede ocasionar algunas dificultades cuando intenten orar juntos como pareja. Quizás, su esposa prefiera estar en silencio y a usted le guste leer la Biblia en voz alta; o ella favorezca el santo Rosario y usted, la adoración eucarística. Uno de ustedes podría preferir orar como pareja sólo si los hijos están presentes, mientras que su cónyuge desearía rezar con los hijos, y más tarde, a solas con usted...etc. En la mayoría de los casos, será necesario llegar a algún tipo de compromiso si la pareja va a dedicar algo de tiempo a la oración común. Intente comenzar utilizando un método que aunque no sea su «favorito», al menos le interese. El interés pudiera consistir simplemente en que usted *desee orar* con su cónyuge sin importarle el método que él o ella elija. Una verdad fundamental acerca de la oración es recordar que ésta implica una relación, *no* una técnica. Tal como menciona la hermana Ruth Burrows, religiosa Carmelita y maestra de oración: cuando se comienza a orar no hay ningún problema por resolver, ni materia que dominar, ni nada que «aprender», ni tiene que volverse un «experto» [8]. Cuando comenzamos a orar, simplemente nos enfrentamos a una pregunta abrumadora: «¿Deseo estar con Dios o no?». En esta pregunta, el significado esponsalicio de la relación de Dios con nosotros se despeja: nosotros somos todo lo que Dios desea. ¿Deseamos nosotros a Dios?

En una relación sagrada, los cónyuges se desean mutuamente; quieren estar juntos y, al hacerlo, extraen alegría y vida del intercambio recíproco como donación. En oración, el que reza anhela estar con Dios; ello constituye la clave para una vida cristiana: ¿Desea usted a Dios? Dios ya entregó Su cuerpo como don mediante la vida de Jesucristo. Su matrimonio y su vida de oración constituyen una respuesta a este don de Dios. Tanto su matrimonio como su fe conllevan la misma actividad: contemplar la belleza en ambos —su cónyuge y Dios— y la entrega de su confianza a esa hermosura, esa irradiación de la Verdad que los atrae y los mantiene juntos «hasta que la muerte los separe».

¿En qué consiste la belleza de Dios en Cristo que nos atrae? No se trata de Sus palabras como tal o Su apariencia física; más bien, Su *obra*. Cristo es hermoso ya que Él antepone a Dios y las necesidades de otros a Sí mismo. Él se *ofrenda* totalmente al servicio de la sanación de otros. Ya que hemos sido creados a imagen de Dios, somos llamados por la Iglesia a vivir como Cristo haciendo que Él viva en nosotros. «El hombre, que es en la tierra la única criatura que Dios ha querido por sí misma, *no puede encontrarse plenamente a sí mismo sino por la sincera entrega de sí mismo*» [9]. No existe nada más hermoso que lo anterior porque tal acción es la verdadera expresión de la verdad acerca de quién es Dios: Dios es amor. Por lo tanto, Dios constituye la belleza misma, y nuestra atracción hacia la belleza indica por qué fuimos creados: para estar con Él. Nuestra búsqueda incansable de la belleza, que es Dios Mismo, nos da a entender su poder formidable—*redimirnos del pecado*.

A continuación se encuentran tres modos cómo contemplar más profundamente esa belleza divina en oración:

1. *Pida la gracia de querer estar con Dios.* Ya que el pecado representa una buena porción de nuestra experiencia como seres humanos, no es «natural» acoger a Dios. Es innato en nosotros querer complacernos y pensar en nuestro propio yo. Por lo tanto, pida a Dios que profundice el discernimiento que usted tiene sobre Su presencia y Su belleza; ruéguele que le muestre Su «rostro» de modo que usted quiera desearlo por encima de todo. Pídale que coloque un deseo por Él en su corazón mediante la gracia (**Jn 7,37s**). Pedirle a Dios ese deseo es sumamente importante para la oración porque no podemos asumir que vamos a «anhelar» estar con Dios. Incluso el propio Cristo nos animó a pedir la sanación y Su presencia (**Mc 10,51**).

2. *Pida la gracia de aceptar la llegada de Cristo a su corazón de modo que Él pueda alejarlo de los lazos desordenados que le brindan a usted más placer que el estar con Dios.* Pida la gracia de *aceptar* la llegada de Cristo porque la separación es insoportable, incluso con la gracia de Dios. Ahora bien, a veces, el resultado del amor es el placer, de modo que el placer no es intrínsecamente

malo; pero puede serlo si lo elegimos por el placer mismo. Optar por cosas placenteras por sí mismas es peligroso **(Mt 19,24)** y podría impedirle marchar hacia Dios. Escoger lazos desordenados (pecados) mantiene al ego controlando las cosas y nutriéndolo con las distracciones que ése ansía—distracciones que lo mantienen a usted encadenado a ellas. Algunos de esos lazos son bien conocidos: soberbia, pereza, ira, lujuria, gula, envidia, avaricia. También estamos atados a ciertas actividades como la diversión excesiva, la preocupación por nuestra apariencia física, el uso desproporcionado de la Internet, la computadora, las redes sociales, la televisión, etc.

Si usted va a evadir los lazos pecaminosos, deberá recordar que Otro y no usted es el centro de la vida. Si usted permanece en un mundo de placeres y diversiones que le distraen, no alcanzará la intimidad con Dios y, por lo tanto, no crecerá en autonomía. Ser libre implica estar disponible para recibir el amor de Dios sin que los pecados graves y los rasgos de egocentrismo lo impidan. El pecado es lo opuesto a la libertad.

Ser libre significa estar con Él y en Él. Ser libre implica *estar unido a Él* en una comunión de amor, en una participación recíproca del ser como don. Antes de que podamos alcanzar esta vida de comunión, estamos marchando hacia esa comunión o alejándonos de ella. La libertad moral y la espiritual exigen que nos unamos a Dios; nuestra cultura requiere que estemos dispuestos a incumplir cualquier promesa hecha si ello favorece nuestro placer personal. Debemos escoger a quién o a qué *unirnos libremente*; en ello consiste el drama de nuestra existencia.

3. *Ruéguele al Espíritu que ore en su corazón.* Comience su oración invitando al Espíritu para que ore en usted, para que lo lleve al Padre y lo una a Jesús. Recuerde: su oración es, mayormente, la obra de Dios en usted; la labor suya consiste en permitirle a Él que ponga al descubierto sus pecados, los lazos perjudiciales y recibir Su amor. Una vez que usted haya habilitado a Dios de esta manera, Él obra para que comience su comunión con Él, para que alcance la sanación y recupere su libertad. Recuerde que usted es pobre **(Rom 8,26)**; usted lo necesita a Él para que Él le lleve a Sí. Por ello, ruegue: «Ven, Espíritu Santo»; la Biblia nos dice: «oren sin cesar» **(1 Test 5,17)**. Usted no puede hacerlo porque es muy débil, pero, en cambio, puede entregarle el alma al Espíritu, *quien será el medio de comunicación entre Dios y usted. Entregarle su alma al Espíritu Santo significa ofrendarle su alma al amor. En una entrega como esa, su capacidad para orar aumentará.*

El nombre del Espíritu Santo: el Intercesor **(Jn 14,16)**, significa literalmente: «el que habla a favor de alguien para asistirlo». El Espíritu Santo, quien constituye el amor entre el Padre y el Hijo, habita en nuestro corazón y allí ora por nosotros, con nosotros **(Rom 8,26-28)**. Entréguese a Su presencia en su corazón y ruéguele para que ore en usted. Cuando sienta debilidad, cansancio, frustración, temor, simplemente abandónese en Él, y permítale que ore *en usted.*

Y así, como pareja casada, ustedes quieren pedir el deseo de orar, el valor para la gracia de la conversión y la comprensión de que la oración es más un don de la inhabitación del Espíritu que una labor que ustedes realizan. ¿De qué manera debe proceder su oración específicamente?

CONTEMPLAR

En las primeras páginas del libro se aconseja que contemple a su cónyuge de modo que su belleza como persona le afecte a usted y le cambie para bien y así establezca una unión más profunda entre los dos. Recuerde que contemplar a su cónyuge significa que usted accede a que el corazón de él o ella—su identidad—sea recibido en lo más profundo de su ser. Contemplar a su cónyuge implica que usted ha permitido que la presencia de él o ella le haya transformado, impulsado y estimulado a amar. Contemplar alcanza el fin apropiado cuando su cónyuge, cuya belleza usted percibe por sus ojos, se convierte en la maravilla que usted lleva en su corazón. Ahora bien, ¿cómo contemplamos a Dios en la oración? Primero, sepa que su cónyuge es un ícono de Cristo para usted. Cristo llega a usted mediante su cónyuge y usted a Cristo a través del amor que usted siente por su cónyuge. El matrimonio es un sacramento porque el amor que existe entre su cónyuge y usted constituye un «lugar» para recibir a Dios y ser recibido por Él. De modo que, primero, entienda por medio de la fe que cuando usted contempla a su cónyuge, está contemplando a Cristo. Por lo tanto, toda su vida de casado constituye—virtualmente—una oración a medida que se profundiza su discernimiento para aceptar el misterio de la presencia de Cristo que ya se encuentra en el amor que su cónyuge siente por usted y que usted siente por él o ella.

Más allá de esta presencia de Cristo en cada uno de ustedes, ¿de qué otra manera puede usted contemplar a Cristo cuando reza con su pareja? Primero, antes que comience a orar, procure un crucifijo o un objeto de arte que represente a Jesús de alguna manera. Colóquelo en sus manos o sobre una mesa frente a los dos. Ruegue al Espíritu Santo que lo conduzca a la oración y entonces fije su mirada silenciosamente en la representación de Cristo. Permita que la imagen lo anime a hablar con Él de algún modo acerca de lo que es primordial en su corazón. Si usted decide sostener la imagen, colóquela en sus manos o recuéstela sobre su corazón. Cuando termine de orar, pásele la imagen o el crucifijo a su cónyuge permitiendo que se incorpore a ese silencio también. De esta manera, la imagen les ayuda a concentrar la mente, mitigar las distracciones controlables y colocar su imaginación en el estado de ánimo apropiado.

Jesús es real y vive entre nosotros. Él vive ahora en nosotros como Espíritu y puede utilizar las imágenes para conducirnos hacia una comunión más profunda con Él. Cuando contemplamos a

Jesús en una imagen, no estamos simplemente dirigiendo la mirada hacia un objeto de arte y admirando la obra. Recuerde cómo usted contempla a su cónyuge: primero, usted se percata de su belleza física; pero luego, usted permite que ello le conduzca a la esencia de su cónyuge: el corazón. Ahora bien, nosotros permitimos al Espíritu que haga lo mismo con nuestra vida de oración. Contemplamos la imagen de Cristo o nos lo imaginamos mientras leemos uno de nuestros pasajes favoritos de las Escrituras y dejamos que el Espíritu nos atraiga *hacia la persona de Cristo mediante la imagen*; allí, conversamos con Dios.

Cuando digo que permita que el Espíritu lo atraiga mediante la imagen de Cristo, quiero indicar que el Espíritu le va a impulsar suavemente a partir de la imagen que tiene delante o de la Escritura que está leyendo y, antes de que pueda darse cuenta, ya no estará pensando *acerca de una imagen o reflexionando sobre algo*. ¡Habrá sido conducido a una Presencia!

En los momentos de alegría o desesperación, contar con una imagen de Cristo a la mano es fundamental para el crecimiento espiritual y el consuelo. Llene su casa de imágenes sagradas y permita que sus ojos se fijen en ellas, recibiendo así la gracia del Espíritu a medida que Él le guía de la imagen a la Persona. Cuando la Persona de Cristo emerge de la imagen, permanezca con Él y cuéntele todo lo que hay en su corazón, igual que como hace con su cónyuge. Tal confidencia a la Trinidad constituye la ruta más segura para alcanzar la intimidad con Él.

Para los recién casados, imagínense qué maravilloso es traer a casa al primer recién nacido, y que ese bebé no conozca otro ambiente que éste, colmado de imágenes sagradas y la santa oración entre la mamá y el papá. Ello es, precisamente, el oxígeno espiritual que necesitan sus hijos para que puedan recibir el amor de Dios mediante la fe, la esperanza y el amor de los padres. Los hijos desean acompañar a sus padres en la oración de la misma manera que les gusta unirse a ustedes cuando, de improviso, se ponen a bailar en su hogar. En este caso, los hijos, por regla general, no quieren interrumpir el baile de sus padres; simplemente desean tomar parte en el mismo. Si los niños nacen en el hogar de una pareja orante, van a *querer* participar en esa actividad desde el principio. Para aquellas parejas que ya tienen hijos, *nunca* es muy tarde para permitir que este oxígeno de oración colme su hogar.

ESCUCHAR CON ATENCIÓN

Próximo, queremos escuchar con atención a Cristo. Una vez que hayamos sido atraídos a la Presencia de Cristo por el poder del Espíritu mediante la imagen, entonces podemos comenzar a escuchar lo que Él dice. En su conversación con Cristo, la intimidad nace, se sustenta y profundiza; es por ello que hablar con Dios es tan fundamental para la felicidad de los seres humanos. Cuando conversamos con Dios, nos encaminamos hacia la intimidad con la Trinidad —la intimidad en la cual estamos destinados a vivir. Esa intimidad con Dios es lo que estamos buscando; pero, a menudo, dirigimos nuestros deseos hacia otros fines menos honorables. En la oración, al igual que en el matrimonio, queremos que nuestros deseos nos conduzcan a la comunión con el ser amado; no deseamos que nuestros anhelos comiencen y terminen con la autocomplacencia.

La manera como los cónyuges se escuchan mutuamente es similar al modo como prestamos atención a Dios. *Escuchar con atención* puede ser expresado simplemente como *el compromiso de prestar atención a las palabras de su cónyuge y a la disposición del corazón de él o ella—de donde nacen esas palabras.* Ello constituye, asimismo, la disposición que debemos tener para escuchar a Dios, prestarle atención a Su Palabra y a Su actitud para con nosotros. La Palabra de Dios está revelada claramente en las Escrituras y Su actitud hacia nosotros es siempre uniforme: Él es la Verdad misma, transmitida a nosotros con amor misericordioso.

Escuchar con atención a Dios *desde el interior de nuestro corazón*, sin embargo, parece ser la parte más difícil de la oración para la mayoría de la gente. Ello se debe a que sólo «oímos» nuestra propia voz y nos cuesta trabajo distinguir Su voz de la nuestra. También percibimos «mentiras» en nuestro corazón, las cuales nacen de nuestro sufrimiento e incluso de la influencia del demonio («No eres bueno, no vales nada, eres un fracasado», etc.). La voz de Dios jamás lo ataca; Él asiente o lo aleja suavemente de la inmoralidad, pero nunca lo condena *como persona*. Cuando usted oiga aquella voz, sepa que nunca proviene de Dios.

Existe un temor generalizado en la gente que comienza a orar diciendo: «¿Estoy inventando todo esto en mi mente? ¿Quién es el que está hablando realmente, Dios o yo?» Recuerde que el Santo Padre Benedicto XVI mencionó que la oración era pura receptividad. Ello significa que, cuando rezo, soy llamado a recibir una palabra que supera la mía. Recibir una palabra superior a la mía implica acoger aquello que nos hace comprender nuestra propia incapacidad. Mis ideas no son suficientes; necesito que Dios me hable y me guíe.

Dios nos habla mediante las ideas que escuchamos en nuestra mente, a través de los sentimientos que llevamos en el corazón. Esas ideas y esos sentimientos deben *ser discernidos*, pero sepa que Dios utiliza nuestros propios pensamientos cuidadosamente, los colma con la verdad y nos invita a que le brindemos atención a esa verdad. Por supuesto, Dios puede inspirar a una persona con visiones y expresiones (la voz de Dios perceptible directamente), pero estos medios no constituyen Su manera habitual de hablar. Lo que es normal en la oración es oír en lo profundo del corazón: «Te quiero»; «Me perteneces»; «Te perdono»; «Deseo entregarte esta vocación», etc. Él habla suavemente, transmitiendo Su voluntad mediante nuestros deseos, ideas, inclinaciones y sentimientos. Fe, esperanza y amor nos mantienen en comunión con el misterio del amor de Dios en Cristo. Acoger estos tres dones—fe, esperanza y amor—constituye el fundamento más seguro para crecer en la vida espiritual. Debemos pedir la gracia de que estos dones y virtudes se aviven en nosotros ya que nos mantienen unidos a Dios, aun cuando no escuchemos nuestros sentimientos, ideas y deseos.

Una cosa es cierta cuando oramos: si alguna vez usted oye una voz diciéndole: «Eres malo»; «Eres un fracasado»; «No eres merecedor de mi amor», se trata o de una herida emocional abierta que le habla desde el sitio de su dolor o Satanás adhiriéndose a ese dolor tratando de llevarlo a la desesperación. Cuando perdemos totalmente la esperanza de vivir nuestra verdadera identidad como hijos e hijas de Dios, entonces la oración se disipa y Satanás se anota una victoria. Escuche atentamente sólo aquellas voces que conllevan la verdad en el amor y la misericordia y nunca voces que expresan la condenación, aquellas que lo aíslan del amor misericordioso de Dios.

Cuando mis ideas, sentimientos y deseos están activos, ¿cómo puedo determinar cuáles provienen de Dios? Primero, por regla general, cualquier idea que concuerde con las virtudes morales y la enseñanza católica puede ser obedecida como buena y proveniente de Dios. Usted no necesita entrar en una profunda oración para decidir si debe ser honesto en el manejo de las finanzas de su negocio. Robar está mal; si se siente atraído a robar, usted sabe que se trata de una tentación. En el caso del robo, su oración debe ser acerca de entregarse al poder de Cristo para evitar esa tentación. Segundo, cuando usted ore y no esté seguro de que sus pensamientos, sentimientos y deseos provienen de Dios o de usted, acuda a su pastor u otro director espiritual competente de la Iglesia católica para que lo oriente. Tercero, podemos estar seguros acerca del origen de esos pensamientos, sentimientos y deseos haciéndonos tres preguntas sencillas: ¿Conllevan estas mociones afectivas el júbilo y la paz? ¿Profundizan esas mociones afectivas mi fe, esperanza y amor? Si puede contestar afirmativamente estas dos preguntas, entonces puede suponer que provienen de Dios.

Por último, esas mociones afectivas ¿me dejan sintiéndome «árido» o «agobiado» y sin ningún aliciente a la santidad o a cosas de Dios? Si puede contestar afirmativamente, entonces, de entrada, presuma que esas mociones o «voces» en su corazón *no provienen de Dios* y ofrézcales resistencia. Como se menciona anteriormente, es preferible que alguna persona con experiencia lo ayude para que obedezca sólo aquellos sentimientos, ideas y deseos que profundicen su fe, esperanza y amor. Al correr del tiempo y dentro de un compromiso verdadero para orar como pareja, podrán comenzar a funcionar como «guías» espirituales uno del otro. Ello representa uno de los grandes dones del matrimonio «en el Señor», ya que a Él le encanta afirmar Su verdad y Su amor mediante las palabras y la presencia atenta de su cónyuge.

De modo que, para resumir, escuchar con atención es un aspecto esencial de la oración. Ello incluye percatarse de sus propios pensamientos y sentimientos; acoger la enseñanza moral de la Iglesia católica, que implica adoptar una conversión moral difícil cuando sea necesaria; distinguir las «voces» en su corazón de modo que pueda reconocer rápidamente cuáles provienen de la inhabitación del Espíritu Santo y, por ende, deben ser obedecidas, y cuáles de una interpretación errónea, de heridas abiertas, o de los espíritus del mal y, por ello, se les debe oponer resistencia. En oración, nuestra actitud primordial consiste en prestarle atención a Dios en nuestro corazón.

Conjuntamente con aprender a escuchar *en nuestro corazón*, también podemos prestarle atención a Dios y permanecer en Su presencia mediante experiencias «externas» a nuestro corazón. Por supuesto, incluso las experiencias que involucran a otras personas o eventos tienen que ser procesadas por nuestro corazón, pero esas experiencias se originan en otros y no en nuestros propios pensamientos, sentimientos o deseos. ¿Cómo se produce esta clase de escucha?

Usted ya conoce bien tal experiencia. Piense en aquellas ocasiones cuando, desde lejos, usted se percata de su hijo jugando; lo contempla profundamente y, entonces, en silencio, lo recibe con amor una vez más. Es aún más fascinante que, al instante que recibe a su hijo más profundamente en su corazón, usted perciba su vocación como madre o padre en un nivel más hondo. Recibir esta experiencia en fe, esperanza y amor constituye una manera de escuchar con atención a Dios. Otros ejemplos de escuchar a Dios «fuera» del corazón podrían ser cuando un vecino le hace un comentario «casual» acerca del matrimonio de él que capta su atención sobre *su propio matrimonio* y cualquier rectificación que éste necesitare o, quizás, usted asiste a un evento que lo deja vacío emocionalmente, suscitando el deseo de marcharse «a casa» para estar con su cónyuge e hijos, para recuperar la esencia de su vocación: estar presente para su familia.

La gente se siente alejada de Dios o incluso piensa que Él los ha abandonado porque les cuesta trabajo practicar la disciplina de escuchar la voz de Él en la vida y en la oración ordinarias. Los cónyuges sienten también la misma sensación de aislamiento mutuo si no pueden practicar la disciplina de la escucha. Si nos escuchamos mutuamente y a Dios, sin embargo, las identidades de ambos estarán a salvo dentro de una comunión de amor. Este sencillo acto de escuchar con atención es crucial para la felicidad en la oración y en el matrimonio; no obstante, *el proceso* de convertirse en un buen oyente no es simple y pudiera conllevar la angustia de la conversión. No obstante, entregamos nuestra fortaleza y nuestro poder a Cristo y le confiamos nuestro deseo de hacernos mejores oyentes.

ARREPENTIRSE

Cuando somos negligentes en escuchar a Dios o en contemplar Su belleza con amor, no podemos recibir Su presencia a niveles más profundos dentro de nuestro corazón. Algunos pecados son tan graves que obstruimos totalmente nuestra capacidad de participar en la vida de Dios. Esos serían los pecados mortales tradicionales en los cuales nuestra voluntad y discernimiento nos conducen a decidirnos por un mal considerable—asesinato, adulterio, fornicación, robo relevante, etc. En el caso de esos pecados, debemos confesarnos, encomendarnos a Cristo y rogar por Su misericordia. Él se encuentra allí: en el Sacramento de la Reconciliación, dispuesto a perdonarnos. De la misma manera que el perdón es fundamental en el matrimonio ya que restablece la intimidad, también lo es para restaurar la intimidad entre Dios y nosotros; en el caso del pecado mortal, el arrepentimiento y el perdón divinos nos devuelven la vida literalmente, de modo que «tengamos vida y seamos colmados» (**Jn 10,10**). Cuando pecamos, dañamos nuestra capacidad de seguir a Cristo y a Su voluntad, de recibir Su amor y de ser enviados en misión mediante el culto de la Eucaristía. El arrepentimiento nos reconcilia con Dios. La gracia y el amor de Dios toman la iniciativa y nos impulsan a regresar a Él. La pregunta es: «¿Reaccionaremos?».

Dios nos mueve a arrepentirnos y a restablecer nuestra comunión con Su amor a través de nuestra conciencia. El don de la conciencia debe ser cultivado y sustentado sólo mediante las mejores fuentes y actividades católicas: las Sagradas Escrituras, el *Catecismo*, el culto; leyendo acerca de la vida de los santos; escuchando a su cónyuge, ya se oponga a su conducta o la respalde; siguiendo el consejo de su pastor o director espiritual católico; la fraternidad con otros católicos y fieles cristianos. ¡Sustentar la conciencia de una manera tal significa *darle una buena formación*! Nadie nace con una conciencia bien formada; ello sólo se logra en función de a quién y a qué prestamos atención.

Hasta que no nos comprometamos a prestarle atención a esas fuentes de calidad y a participar en actividades como las mencionadas anteriormente, nuestra conciencia podría reflejar solamente esta época superficial y pasajera (**Rom 12,1-2**). Esta época pasajera—o los valores de la cultura popular occidental—se trasmite a través de los medios de comunicación social, la política, lo que está de moda, la diversión y los asuntos financieros. Una conciencia así no posee un sustento lo suficientemente significativo como para preservar una conciencia católica; esa que lo guía hacia la salvación y no meramente hacia el «éxito» o la «aceptación» en estos tiempos y por parte de la sociedad actual.

Si no desarrollamos una conciencia católica, podríamos incluso perder de vista el hecho de que nuestras preferencias son contraproducentes para nuestra felicidad. Nuestra mente y nuestro corazón podrían, simplemente, dejar de reconocer que somos desdichados porque preferimos vivir en un mundo que convalida una serie de alternativas que prometen más y más de aquello que nos satisface cada vez menos. En vez de arrepentirnos y dejar de escoger un sustento tan deficiente para el corazón, podríamos confundir el desasosiego como una señal de que necesitamos una aceptación mayor por parte de la sociedad, más diversiones, más actividad, en lugar de preferir estar menos «acoplados» a la cultura actual. Irónicamente, la tensión, la ansiedad y la intranquilidad constituyen el resultado de estar unidos profundamente a las «tendencias» superficiales. Solamente podemos alcanzar la paz cuando decidimos alejarnos de nuestra época de distracción y volvernos más sencillos. Ser sencillo es lo que el corazón de los seres humanos busca realmente y aquello que ofrece la gracia de Dios, si contamos con el valor para arrepentirnos; así mismo, implica anteponer a Dios y a su cónyuge a usted. La sencillez no es esterilidad, es plenitud.

Uno de los pecados más graves en el matrimonio es la infidelidad, tanto sexual como emocional. En nuestra relación con Dios también podemos ser infieles. Desde luego, es desleal que un cristiano adore otros dioses y rechace a la Trinidad. Sin embargo, todos y cada uno de los pecados que cometemos constituyen, de alguna u otra manera, un rechazo real a Dios, lo cual hacemos siempre mediante un acto de desobediencia a la conciencia. Desobedecer la conciencia significa contravenir la verdad como mejor puedan dictaminarla nuestro corazón y nuestra mente. Rechazar el dictamen de una conciencia bien formada, tal como se menciona anteriormente, significa rechazar a Dios, porque Dios es verdad. Es por ello que la definición más simple de *pecado* es: desobediencia a una conciencia bien formada [10].

Todos debemos llevar *nuestros fracasos* a la cruz de Cristo. ¿Cómo nos perdona Cristo y cómo nos arrepentimos de nuestros pecados?

¿Cómo recibimos el perdón?

«Cambien su vida y su corazón, porque el Reino de los Cielos se ha acercado» (**Mt 4,17**). Cristo anhela que nos arrepintamos de nuestros pecados de modo que podamos recibir Su vida plenamente otra vez. El pecado disminuye nuestra capacidad para conocer el amor de Él, para sentir Su consuelo, y nos hace emprender una ruta que podría amenazar nuestro retorno a Su amor y Su gracia si nos permitimos permanecer alejados de Él conforme pasa el tiempo. Cristo nos perdona desde la cruz. En medio de Su crucifixión, de Su entrega al amor del Padre por amor a nosotros—quienes lo rechazamos—Él suplica al Padre que perdone todos nuestros pecados (**Lc 23,24**). Él nos perdona acogiendo en Su corazón todos nuestros pecados y llevándoselos al Padre misericordiosamente en pos de la sanación y la reconciliación. Sólo Dios puede perdonar el pecado porque éste constituye un acto que nos desvía y desarraiga de Él. No podemos encontrar el camino de vuelta a Su amor por nuestra cuenta. Estamos tan desgarrados interiormente que podemos apartarnos de lo que somos, pero no podemos restablecer nuestra identidad verdadera nosotros mismos. Esta identidad verdadera, que somos los hijos e hijas amados de Dios, sólo puede ser concedida por Dios; no puede ser ganada, merecida, adquirida o arrebatada. Pero, debido a nuestra naturaleza fragmentada, esa identidad verdadera nosotros podemos *cederla* cuando optamos por pecar. Una vez que hemos pecado, podemos recuperar la plenitud de nuestra dignidad sólo mediante el acto de amor del Padre en Jesús—Dios acercándose a nosotros por medio de nuestra propia humanidad en Jesús de Nazaret. Es así como debe hacerse—Dios acercándose, buscándonos, porque sólo Él puede reconciliar lo que ha sido desgarrado.

Por lo tanto, para recibir el perdón debemos acercarnos al misterio de la cruz. Pero, ¿cómo?; este evento ocurrió hace 2.000 años. Como todas las cosas divinas, el tiempo no es un obstáculo, ya que la gracia, esto es, la vida y el amor de Dios en nosotros, fluye continuamente de la eternidad al tiempo sin detenerse jamás. Un hecho histórico puede ir y venir, pero la gracia, la vida de Dios en el ámbito de ese evento, se ofrece continuamente. ¿Dónde se ofrece esa gracia? ¿Dónde fluye, ahora y eternamente? En los sacramentos. Cuando participamos en los sacramentos dispuestos a que Dios nos sane y nos reconcilie, entonces recibimos todo Su amor y toda Su vida. Arrepentirse significa «entrar en sí» **(Lc 15,17)** y optar nuevamente por una vida sencilla, una vida de comunión con la Trinidad.

Cristo nos perdona por y mediante el poder de Su identidad como Hijo de Dios y Sus acciones en la cruz, las cuales hicieron posible que toda la humanidad pudiera acudir al Padre como hijas e hijos amados. Es fundamental que vinculemos nuestra humanidad a este acto de Dios en la cruz mediante el ejercicio de una vida sacramental. Acoplar nuestra vida a la de Cristo de esta manera es a lo que nos referimos cuando decimos que alguien ha sido redimido del pecado. Quedamos unidos a Cristo mediante la fe, la caridad y el amor; estas virtudes nos vinculan con los sacramentos, y éstos constituyen *la presencia real* de Cristo en el caso del Sacramento de la Eucaristía o *el poder verdadero* del amor misericordioso y vivificante de Cristo en el caso de los otros seis sacramentos.

¿Cómo nos arrepentimos?

«Un hombre tenía dos hijos. Se dirigió al primero y le dijo: Hijo, hoy tienes que ir a trabajar en mi viña. Y él respondió: No quiero. Pero después se arrepintió y fue» **(Mt 21, 28-29)**. Uno se arrepiente «cambiando de parecer». El Espíritu le invita a que trascienda la mente que posee ahora y asuma «la mente de Cristo» **(Fil 2,5; 1 Co 2,16)**. Usted comienza el proceso de asumir la mente de Cristo, de que Su Espíritu guíe todos sus pensamientos, sentimientos y deseos, al optar por *vivir en la realidad*. Si usted ha cometido actos pecaminosos deliberadamente, *admítalo*. Acuda a Él; relate los hechos y viértalos en Su corazón misericordioso. Nunca recibiremos el don de la mente de Cristo si no reconocemos nuestras faltas y nos encomendamos al Señor implorando su misericordia. Aquellos que se vuelcan al Señor nunca se sienten decepcionados. Él se encuentra con ellos siempre *en la realidad*. Permanezca allí para recibir Su amor, permanezca allí para hablar de sus faltas, permanezca allí a pesar del dolor experimentado al comprender la verdad sobre su persona; ya que si abandonamos la realidad y optamos por *esconder* nuestras fallas, mentimos acerca de las mismas o nos defendemos del dolor echándole la culpa a otros, nunca conoceremos la misericordia divina en toda su plenitud.

Sólo la misericordia divina puede reintegrarnos a una intimidad con Dios, vibrante y creciente. Si usted no perdona a su cónyuge y recibe el perdón de él o ella, la comunión se debilita, se desintegra y, eventualmente, se hace tan frágil que la relación se rompe. De la misma manera que usted busca a su cónyuge para restaurar los vínculos debilitados o rotos cuando uno de ustedes ha sido desconsiderado o infiel, así mismo usted debe apresurarse a restablecer el vínculo de comunión con Dios. Si usted puede retornar a su cónyuge y buscar su rostro nuevamente, entonces, de seguro, usted puede buscar el rostro de Dios, ¡especialmente porque

Su gracia lo urge y lo respalda para que lo haga así!

De manera que, para resumir: Dios lo llama para que usted lo contemple a Él, lo escuche con atención y se arrepienta cuando haya debilitado o quebrantado su relación con Él. Aquí, las virtudes y las gracias de su relación conyugal reflejan las gracias y las virtudes de su comunión con Dios. Las dos relaciones exhiben una dependencia recíproca y utilizan las mismas prácticas para proteger la unidad mutua y la unión con Dios mediante el otro. La oración es un acercamiento a Dios misericordioso para recibir Su presencia y Su amor. La comunicación conyugal es un acercamiento recíproco para conservar el vínculo de amor y permanecer en la presencia del otro, para continuar en la realidad. A partir de vuestra boda, ustedes prometieron comenzar una vida juntos, unidos, y, por lo tanto, vuestra *realidad* es vuestra vocación—es vuestro matrimonio. Cualquiera cosa que debilite ese vínculo es irreal; una fantasía, ¡algo que no amerita ser tomado en cuenta! Así mismo, Dios lo ha reclamado a usted como algo Suyo, lo ha buscado durante toda su vida para ampararlo por y mediante Su amor. Él anhela que usted jamás se aparte de Su presencia, y cualquier cosa que lo aleje de la misma: el pecado, debe ser eludido y rechazado. Por designio de la gracia, Dios se encuentra en su cónyuge y su cónyuge, en Dios. Dios está *a favor* de vuestro matrimonio y jamás los impulsaría a apartarse el uno del otro. Dios está luchando para que vuestro vínculo se mantenga fuerte y para que permanezcan en la realidad con y por el poder del amor que Él siente por ambos. Continúen eligiéndose mutuamente, sigan escogiendo a Dios y también permitiendo que Dios los elija a ustedes.

La oración y la comunicación plena de amor mutuo son vínculos complementarios de comunión. Si usted ama a su cónyuge, usted puede orar; si usted ama a Dios y le permite que Él lo ame, usted y su cónyuge podrán encontrarse y permanecer en la presencia mutua ¡hasta que la muerte los separe!

capítulo 3

Permanecer en el amor

«Nada puede importar más que encontrar a Dios. Es decir, enamorarse de Él de una manera definitiva y absoluta... ¡Enamórate! ¡Permanece en el amor! Todo será de otra manera».

El matrimonio de María por Domenico Ghirlandaio

Enamórate, permanece en el amor, y todo será de otra manera

El padre Pedro Arrupe, SJ, mencionó en una oportunidad:

Nada puede importar más que encontrar a Dios.
Es decir, enamorarse de Él de una manera definitiva
y absoluta. Aquello de lo que te enamoras atrapa tu
imaginación, y acaba por ir dejando su huella en todo.
Será lo que decida qué es lo que te saca de la cama en la
mañana, qué haces con tus atardeceres, en qué empleas
tus fines de semana, lo que lees, lo que conoces, lo que
rompe tu corazón, y lo que te sobrecoge de alegría y
gratitud. ¡Enamórate! ¡Permanece en el amor! Todo será
de otra manera [11].

Contemplar, escuchar con atención y perdonar a su
cónyuge constituye el camino para *permanecer en el amor*.
Contemplar y escuchar atentamente a Dios en la oración
y arrepentirse cuando algo distinto a la oración ha guiado
su razón, constituye el camino para *permanecer en el amor*
con Dios. El fin que se persigue para ambas relaciones, las
cuales son complementarias e interdependientes, es desear,
y después acoger, el objeto de su amor, Dios y su cónyuge,
quienes constituyen la presencia predominante en su corazón.
Cuando ello ocurre, usted se ha identificado con su ser
amado y comienza a pensar *como un cónyuge* o, en el caso
de su relación con Dios, empieza a pensar *en oración*. Se ha
dicho que los artistas extraordinarios comienzan a pensar en
términos musicales o a pensar a color, y lo mismo ocurre con
los grandes amantes o con los amantes santos…comienzan
a pensar en función del amor. Si ora y si incorpora a su

cónyuge en su corazón, usted llegará a ser alguien que piensa en función del amor, y transformarse en esa clase de persona, significa vivir en la realidad.

Si usted permanece en el amor, entonces todas sus decisiones fluirán a partir de ese amor, el cual constituirá la medida de todas las cosas prácticas que usted realiza cotidianamente, tal como lo expresara el padre Arrupe en la reflexión mencionada anteriormente. Ello, por supuesto, es magnífico. *Usted desea* que sus decisiones fluyan de lo más profundo de su matrimonio y del amor que siente por Dios. El fin es que todas sus decisiones fluyan de la protección deliberada que usted le brinda tanto al vínculo entre ustedes como esposos como al vínculo que Cristo ha compartido con cada uno de ustedes mediante Su vida, muerte y resurrección. Tomar decisiones en solitario o bajo estados de ánimo o emociones eventuales, como son el temor, la ira o la aflicción, sólo serviría para arrastrarlo a un lugar de verdades y realidades a medias. El amor y permanecer en el amor es lo que determina su vida. Opte por el vínculo de amor y su vida entonces será una de pura fidelidad a su vocación. Vivir en pura fidelidad a su vocación, *saber* quién es usted, constituye la gracia suprema y aquello que la mayoría de las personas que llevan una vida complicada en estos tiempos *están penando por encontrar.*

Apéndice A: Preguntas y Respuestas

¿Cómo debemos escuchar al Espíritu hablándonos a ambos de modo que podamos percibir un rumbo común para nuestra vida familiar?

Habrá ocasiones cuando ustedes desearán dos realidades distintas en su matrimonio. Estas pueden abarcar desde lo trivial (¿A qué restaurante queremos ir a cenar?) hasta lo fundamental (¿Cuántos hijos deberíamos tener?). En el caso de los asuntos triviales no es necesario orar, excepto que lo irrelevante se salga de proporción, como, por ejemplo, que se haga evidente que uno de los cónyuges *siempre* se sale con la suya a la hora de escoger dónde van a cenar, cómo pasar el fin de semana o cómo se perciben las tareas y los roles del hogar. Por lo tanto, si los asuntos triviales ponen al descubierto un problema más grave en el matrimonio, ustedes deben orar e incluir a Cristo directamente en el perdón o el sacrificio necesario por el cual están suplicando. Lo que ha pasado en este caso es que lo trivial se ha convertido en fundamental, y, por lo tanto, es esencial que oren juntos.

Con el propósito de que nuestra familia esté unida, ¿qué debemos hacer para resolver nuestras diferencias mediante la oración?

Primero, recuerde que Dios es el defensor *por excelencia* de su matrimonio, su unión emocional y espiritual y el progreso mutuo hacia la santidad. Aún antes de que comience a orar, sepa que ya ha recibido una respuesta de Dios que resuena desde el día de su boda: «Cualquier respuesta mía a vuestras oraciones será aquélla que fortalezca vuestros votos y vuestra presencia mutua». La reconciliación y la unión amorosa son primordiales para Dios.

Segundo, quizás la pregunta vital que ustedes están

considerando se refiera a cuántos hijos deben tener y cuándo. Su esposo prefiere esperar hasta estar acostumbrado a su nuevo trabajo y establecido en la nueva ciudad, o su esposa desea tener hijos pronto por amor a su vocación de ser madre. Usted debe comenzar a orar sobre esta clase de preguntas vitales relacionadas con su vocación, tanto solo como con su cónyuge. En otras palabras, la oración está en usted y no debe tratarse solamente de un deber formal cuando llega la hora de las oraciones de la noche. Usted debe estar en comunicación con Dios a lo largo del día con respecto a esas decisiones vitales que debe tomar. Busque las señales que Él le está enviando durante todo el día. Esas señales pudieran ser, por ejemplo, una corroboración al leer las Escrituras; la opinión de un amigo de confianza o un consejero espiritual; incluso eventos aparentemente fortuitos, como cuando alguien le menciona que ustedes serían unos padres estupendos o cuando se emociona al ver a un padre abrazar a su bebito. Todas esas jornadas de oración deben ser incorporadas a vuestra oración común como pareja al final del día. De hecho, esas jornadas de oración y la manera como son recibidas en el corazón constituyen la mayor parte de vuestro orar juntos. Compartiendo estos eventos y las mociones afectivas simultáneas con Dios y su cónyuge crea el ambiente adecuado para escuchar atentamente la voluntad de Él.

¿A qué me refiero cuando digo *mociones afectivas*? Esta expresión significa sencillamente que no estamos «pensando» acerca de Dios cuando oramos, sino que le estamos brindando la parte más profunda de nuestro corazón, el lugar donde residen nuestros pensamientos, sentimientos y deseos más intensos. Siempre estamos compartiendo con Dios en oración ese nivel insondable de nuestro corazón porque esas mociones contienen nuestros anhelos más intensos, los cuales, una vez purificados mediante la participación en la vida sacramental, también pueden traer consigo los anhelos que Dios siente por nosotros.

Cuando rezo, ¿cómo puedo saber si estoy escuchando al Espíritu Santo o si, simplemente, se trata de mis propios pensamientos?

Nosotros no queremos separar nuestro ser del Espíritu Santo de una manera muy radical. El Espíritu Santo inspira *nuestros propios* pensamientos y los llena de verdades provenientes de Dios. De modo que, no se trata de preguntarnos si esa voz es la nuestra o le pertenece a Él; más bien, es cuestión de escuchar con atención las verdades en mi voz y luego comparar su contenido con aquello que la Revelación y las enseñanzas de la Iglesia dicen acerca de la naturaleza de Dios. Muy pocos recibimos una comunicación directa de Dios tan perceptible. La vía normal de comunicación de Dios es mediante la Iglesia: la interpretación que ella hace de las Escrituras y su tradición doctrinal. La mayoría de nuestras «ideas» y cualquier pregunta que tengamos acerca de la obediencia a aquéllas se atienden a nivel de la formación doctrinal convencional (es decir, los mandamientos, las doctrinas morales, etc.). Así mismo, en la oración podríamos oír una llamada, un deseo **emocionante** a convertirnos en misioneros, por ejemplo. A lo mejor debemos preguntarnos: «Está bien, ¿se trata de Dios o de que, simplemente, quiero dejar mi casa y marcharme lo más lejos posible?». Por lo general, decimos que se trata de Dios después de que percibimos unas mociones afectivas serenas que profundizan nuestra fe, nuestra esperanza y nuestro amor y que esos movimientos de atracción no se desvanecen con el tiempo. Si la característica de la voz es tal, entonces vaya a ver a un director espiritual para que lo ayude a escuchar más profundamente el contenido de la voz a lo largo del tiempo. Si la llamada en la voz posibilita, *hace más fácil*, el camino a la santidad, honra su vocación ya establecida y respeta las verdades morales de la Iglesia, probablemente proviene de Dios.

¿Está mal que espere recibir sentimientos consoladores y amorosos de Dios cuando rezo?

No está mal esperar ser consolado por Dios cuando usted ore; sentir Su amor y Su afecto. Esa expectativa y la culminación de la misma son parte normal de la oración. Por supuesto, los sentimientos buenos o consoladores no siempre se manifiestan cuando rezamos.

¿Qué ocurre si me siento triste o alejado de Dios cuando rezo?

Yo diría que usted debería resistir esos sentimientos de tristeza y desolación porque Cristo siempre está obrando para amarnos; y el amor, por su naturaleza, mueve positivamente nuestros afectos. Ruéguele a Cristo que le conceda la gracia de encontrar Su amor, incluso cuando, en apariencia, usted lo sienta muy lejano. Habrá ocasiones en que esos sentimientos de tristeza y desolación no se marcharán, convirtiéndose así en una cruz que Jesús nos invita a recoger y cargar (**Lc 9,23**). Sin embargo, por regla general podemos vislumbrar el amor consolador—aún cuando experimentemos un «tiempo árido» en nuestra oración—en lo más profundo del corazón; permanezca allí y continúe realizando gestos de fe, esperanza y amor. De esta manera, seguimos vinculados al misterio del amor de Dios por nosotros. Por supuesto, el mejor ejemplo de este permanecer en el amor, aún en ausencia de esos sentimientos consoladores, es el Calvario. En esa instancia, Cristo habla con el Padre y no pierde la esperanza de que Él lo oiga—aún cuando no hay ninguna manifestación de consuelo. Sin embargo, observe lo que Cristo hace desde la cruz: *Él le habla al Padre*. Jesús encuentra el consuelo por el dolor experimentado en la cruz en el acto de hablarle al

Padre. El dolor no es una señal del rechazo o la ausencia del Padre; el amor se puede alcanzar a través del dolor. Sin esta comunicación en la oscuridad, Jesús hubiera estado solo; Jesús le habla a Dios Padre desde Su tristeza y dolor y, por lo tanto, se resiste a sentirse desolado *aún cuando la oscuridad* trata de definirlo. Rechazar la desolación («No quiero orar; no puedo rezar; no percibo a Dios; estoy solo» equivale a aplicar Juan 1,5 en la práctica: «La luz brilla en las tinieblas y las tinieblas no pudieron vencer la luz» ¿Se sentía Jesús consolado estando en la cruz? Yo creo que sí, porque Él permaneció en comunicación con Dios Padre. Mientras que nosotros abandonamos la comunión con Dios cuando nos sentimos desolados, sin esperanzas, y nos aferramos al aislamiento como nuestro legado, Jesús, estando en la cruz, permaneció con el Padre y, por así hacerlo, fue consolado aun cuando lo estaban matando.

De manera que continúe orando aunque no perciba a Dios. Resista las tinieblas hasta que vea la Luz, la Luz que siempre está presente (**Jn 1,5**).

Apéndice B: Una manera de orar

El *Institute for Priestly Formation* enseña a la gente cómo orar utilizando las siglas ARRR, cuyo significado es: *Admitir, Relatar, Recibir, Responder*:

Admitir: La oración es una relación, un diálogo, entre Dios y el hombre. Ya que hemos sido llamados a hacer entrega de uno mismo [12], primero que nada, es necesario estar en posesión de nuestro ser; es decir: conocernos. *Admitir* significa, simplemente, reconocer. El reconocimiento que necesitamos para dialogar con Dios es, concretamente, el discernimiento de nuestros *pensamientos, sentimientos y deseos,* especialmente aquellos que afectan nuestra relación con Dios. ¿Qué estoy pensando? ¿Cómo me siento? ¿Qué deseo?

Relatar: En pocas palabras, *relatar* significa ¡*contarle todo a Jesús!* Nada es tan insignificante como para no contárselo a Él. Decirle todo a Jesús constituye el camino a la intimidad más profunda con Dios. Él ya sabe quiénes somos, pero tenemos que decírselo. Aunque le hayamos contado lo mismo un millón de veces, debemos confiárselo nuevamente si ello es lo que nos dicta el corazón. Algunas cosas se las llevamos al Padre; otras, parecieran ser temas para el Espíritu Santo; a menudo le hablamos a Jesús acerca de los *pensamientos, sentimientos y deseos* de nuestro corazón; o María está siempre dispuesta a recibir todo aquello que se encuentra en nuestro corazón. Por lo tanto, a medida que compartimos los *pensamientos, sentimientos y deseos* que descansan en nuestro corazón con la Trinidad o con los santos, nuestro amor por ellos va en aumento y la presencia de ellos se hace más profunda en nuestro corazón.

Recibir: El Santo Padre Benedicto XVI, dijo: «Ésta [la oración litúrgica en el corazón de la Iglesia] es pura receptividad de la gracia de Dios, amor en acción, comunión con el Espíritu que habita en nosotros y nos lleva, por Jesús y en la Iglesia, a nuestro Padre celestial. En la potencia de su Espíritu, Jesús está siempre presente en nuestros corazones, esperando serenamente que nos dispongamos en el silencio junto a Él para sentir su voz, permanecer en su amor y recibir "la fuerza que proviene de lo alto", una fuerza que nos permite ser sal y luz para nuestro mundo» [13]. Dios desea amarnos; Él anhela amarnos. Nuestra actitud frente a este amor es una de vulnerabilidad, apertura y pura receptividad. «Dios mío, deseo ser amado por Ti; estoy preparado para recibir Tu amor, para acogerte». Dios obrará de esa manera en nosotros; Él nos preparará para recibir Su amor y darnos exactamente lo que necesitamos para que nos mantengamos fieles a nuestra vocación matrimonial. De modo que, después que le haya relatado todos sus pensamientos, sentimientos y deseos a Dios, *escúchelo con atención; reciba lo que Él anhela entregarle.*

Responder: Nosotros respondemos a los dones que recibimos. La *respuesta* natural de nuestro corazón al amor de Dios es la gratitud. Recibir a Dios nos impulsa—con gran facilidad y sencillez—a *responder*. Una respuesta que fluye de experimentar el amor de Dios viene acompañada de regocijo. En nuestra *respuesta*, permanecemos en el don de Dios, recibiéndolo siempre. A medida que continuamos recibiendo Su amor, Él dará rienda suelta a un deseo nuevo: la caridad hacia los otros. Ello constituye la única manera de saber que verdaderamente hemos orado…podemos observar y sentir en nosotros una caridad nueva hacia otros.

Admitir esas realidades (pensamientos, sentimientos y deseos) en nuestro corazón, relatárselas al Señor, recibir Su vida en nosotros y responder con gratitud y generosidad significa vivir la realidad de nuestro Bautismo. El reconocimiento de lo que acontece en nuestro corazón a lo largo del día constituye el fundamento esencial para crecer en interioridad y, en consecuencia, crecer en santidad. Sin embargo, si no establecemos un vínculo con el Señor con relación a todo lo que se encuentra en nuestro corazón, dependeremos de nuestra fortaleza en el empeño por alcanzar la santidad y nos derrumbaremos en una montaña de desesperación.

Para evitar tal desastre, simplemente *¡se lo contamos todo a Jesús!* Nada es tan importante o tan insignificante como para no compartirlo con el Dios infinito quien se hizo niño. A medida que conversamos con el Señor, descubriremos experiencias nuevas en nuestro corazón para llevárselas a Él. Él sanará el dolor y la tristeza; conoceremos Su amor y Su vida, y Él, gentilmente, nos guiará hacia lo más profundo de Su Corazón. Dios es el cónyuge perfecto, aquel que lo ama en y mediante la muerte. Él *anhela* escucharlo con atención [14].

Notas

[1] Quisiera agradecer a todos aquellos que leyeron este folleto y sugirieron mejoras al contenido: Valerie Conzett, Jenny Barrett, Gina Switzer, Anthony Lilles, Amy Wulf, Heidi J. Emanuel, Perry Cahall, y Kelsa Brazell.

[2] Angelo Cardinal Scola, *The Nuptial Mystery* (*Ressourcement: Retrieval & Renewal in Catholic Thought*). (Grand Rapids, Michigan: Wm. B. Eerdmans Publishing Co., 2005), 75.

[3] Por supuesto, existen situaciones donde el abuso físico y emocional puede llegar a ser brutal, en cuyo caso el imperativo moral sencillamente consiste en buscar refugio alejándose de tal abuso. Sin embargo, existe lo que podríamos llamar el sufrimiento «normal» de vivir con un pecador. Esta clase de actividad no es extrema, y si la parte ofensora reconoce su comportamiento, ello es señal de querer reformarse y arrepentirse verdaderamente. Después que se concede el perdón y éste es recibido por el cónyuge pecador, él o ella se compromete a fomentar un ambiente placentero. Para medir el nivel de abuso en el que se encuentra, recuerde el más importante de los mandamientos: Usted debe amar a Dios, a otros y a usted mismo. Cuando el abuso alcanza un nivel que exige la separación en beneficio de la seguridad es prácticamente imposible amar al cónyuge, a uno mismo o incluso a Dios.

[4] Ver: Keating, James: "The Eucharist and the Healing of Affection for Sin" *Emmanuel* (March/April 2007).

[5] Su director espiritual principal es su pastor; es probable que quiera recomendarle el libro del padre Scott Traynor: *The Parish as a School of Prayer: Foundations for the New Evangelization,* (Omaha: IPF Publications, 2013).

[6] United States Catholic Conference, *Catechism of the Catholic Church* (CCC) (Washington, DC: USCCB Publishing, 2000), no. 2672. (Trad. esp.: *Catecismo de la Iglesia Católica*, n.º 2672. Librería Editrice Vaticana. Disponible en: http://www.vatican.va/archive/catechism_sp/p4s1c2a2_sp.html. [2014, 2 de enero]): «El Espíritu Santo, cuya unción impregna todo nuestro ser, es el Maestro interior de la oración cristiana. Es el artífice de la tradición viva de la oración. Ciertamente hay tantos caminos en la oración como orantes, pero es el mismo Espíritu el que actúa en todos y con todos. En la comunión en el Espíritu Santo la oración cristiana es oración en la Iglesia.

[7] Blessed John Paul II, *Man and Woman He Created Them: A Theology of the Body,* trans. Michael Waldstein (Boston: Pauline Books & Media, 2006), 20:5. (Trad.

esp.: Juan Pablo II: *Audiencia General*. Miércoles 5 de marzo de 1980. Librería Editrice Vaticana. Disponible en: http://www.vatican.va/holy_father/john_paul_ii/audiences/1980/documents/hf_jp-ii_aud_19800305_sp.html [2014, 2 de enero]).

[8] Ruth Burrows, OCD, *Essence of Prayer* (NJ: Paulist Press, 2006), 15.

[9] Documents of Vatican II, *Gaudium et Spes*, no. 24. (Trad. esp.: *Documentos completos del Vaticano II* 18 ed. Constitución Pastoral "Gaudium et Spes", no. 24. Ediciones Mensajero, S.A., Bilbao, España).

[10] En la enseñanza moral católica, se observa que todas las personas tienen el deber de formar su conciencia acorde a la dignidad humana. Ello significa que una «dieta» exclusiva de fuentes provenientes sólo de la cultura popular o la política no es suficiente para el desarrollo de una conciencia católica apropiada. Para formar una conciencia católica, la persona deberá incluir lo siguiente en su formación cuando haya que tomar decisiones importantes: el culto, la lectura orante de la Sagrada Biblia, el estudio de las vidas de los santos, el *Catecismo* y la asesoría de sacerdotes y otros expertos en los aspectos espiritual y moral de la vida. Si la conciencia está deformada a consecuencia de que los padres o los maestros no le han hablado al niño con la verdad, éste podría ser menos responsable moralmente hasta que alcance una edad razonable de madurez moral. Cualquier oposición voluntaria a conocer y vivir la verdad enseñada por la Iglesia constituye, por sí misma, una falta moral.

[11] Pedro Arrupe, SJ (d. 1991, former Superior General of the Jesuits). (Trad. esp.: Arrupe, Pedro SJ, fallecido en 1991, antiguo Superior General de la Compañía de Jesús. *Citas de Pedro Arrupe*, SJ. Disponible en: «Web oficial de la Provincia de Loyola. Compañía de Jesús» http://www.jesuitasdeloyola.org/presentacion/pedroarrupe/citas.html [2014, 2 de enero]).

[12] Documents of Vatican II, *Gaudium et Spes*, no. 24. (Trad. esp.: *Documentos completos del Vaticano II* Constitución Pastoral "Gaudium et Spes", no. 24, ibídem).

[13] Pope Benedict XVI, July 20, 2008, 23rd World Youth Day. (Trad. esp.: *Homilía del Santo Padre Benedicto XVI*. Domingo 20 de julio de 2008, XXIII Jornada Mundial de la Juventud. Librería Editrice Vaticana. Disponible en: http://www.vatican.va/holy_father/benedict_xvi/homilies/2008/documents/hf_ben-xvi_hom_20080720_xxiii-wyd_sp.html [2014, 2 de enero]).

[14] Compilado por Jessi Kary, A.O.